NOUVELLE ÉDITION

LA DENT DE SAGESSE

COMÉDIE EN UN ACTE

MÊLÉE DE COUPLETS

PAR

LAMBERT-THIBOUST & E. GRANGÉ

PARIS
MICHEL LÉVY FRÈRES, LIBRAIRES ÉDITEURS
RUE VIVIENNE, 2 BIS, ET BOULEVARD DES ITALIENS, 15
A LA LIBRAIRIE NOUVELLE

MDCCCLXVI

LA

DENT DE SAGESSE

COMÉDIE-VAUDEVILLE

Représentée pour la première fois à Paris, sur le théâtre du Palais-Royal,
le 2 mai 1866.

Imprimerie L. Toinon et Cie, à Saint-Germain.

LA

DENT DE SAGESSE

COMÉDIE-VAUDEVILLE EN UN ACTE

PAR

LAMBERT-THIBOUST & EUGÈNE GRANGÉ

PARIS
MICHEL LÉVY FRÈRES, LIBRAIRES ÉDITEURS
RUE VIVIENNE, 2 BIS, ET BOULEVARD DES ITALIENS, 15
A LA LIBRAIRIE NOUVELLE

1866

PERSONNAGES

DUBUISSON	MM. LHÉRITIER.
PAUL BERGERET, son gendre. .	PRISTON.
GRELUSKO, dentiste hongrois. . .	LASSOUCHE.
SUZANNE, femme de Bergeret. . .	Mmes CÉLINE MONTALAND.
MADELON, nourrice.	BRETON.
JULIE, femme de chambre.	GABRIELLE.

A Paris, de nos jours.

Pour la mise en scène détaillée, s'adresser à M. GUÉNÉE, régisseur-général du théâtre du Palais-Royal.

LA

DENT DE SAGESSE

Un salon ; porte d'entrée au fond. Portes latérales. Une fenêtre au fond, côté gauche. A droite et à gauche, premier plan, une porte ; cheminée à droite, troisième plan. Sur le devant, à droite, un guéridon et un canapé. A gauche, entre les deux portes, un petit meuble.

—

SCÈNE PREMIÈRE

JULIE, puis MADELON, et ensuite PAUL.

Julie est en train de dresser un couvert pour le déjeuner de deux personnes. Madelon, en costume de Mâconnaise, entre par la gauche.

MADELON, mangeant une grande tartine.

Bonjour, mamzelle Julie *.

JULIE, riant, mettant le couvert sur le guéridon.

Comment ! vous mangez déjà, la nourrice?

MADELON, mordant dans sa tartine.

Dame !... faut ben se r'faire !... la petite a un appétit !...

Elle mange.

JULIE.

Elle suit les bons exemples.

MADELON.

Tiens, pourquoi donc que vous mettez le couvert dans le boudoir ?

JULIE.

Parce que monsieur me l'a ordonné. Il m'a dit comme ça que, quand il n'y aurait personne le matin, il aimait mieux déjeuner ici.

* Madelon, Julie.

MADELON.

Ah! j' comprends!... Les tourtereaux sont moins dérangés, et s'ils le veulent, ils peuvent becqueter sur le même bâton et dans la même mangeoire.

JULIE.

Dame! un jeune ménage, c'est tout simple!... Ah! à propos de déjeuner, et la petite?...

MADELON.

Oh! elle a eu le sien, je lui ai donné son compte, allez!... et même plus que son compte, soyez tranquille!

Elle prend un biscuit sur une assiette que Julie porte sur le guéridon.

JULIE, riant.

Bon!... ne vous gênez pas, la Mâconnaise!

MADELON, au guéridon.

Ah! il faut ben que je me refasse...

Elle se verse un verre de vin.

JULIE.

Eh bien! eh bien! à quoi pensez-vous donc?...

MADELON, avec sentiment et levant son verre.

Je pense au pays!...

Elle boit.

JULIE, riant.

C'est juste! c'est du mâcon!

PAUL, en dehors.

Joseph, payez le cocher!...

MADELON.

Oh! le bourgeois!

Elle essuie le verre avec son tablier et le replace sur la table. Paul Bergeret paraît au fond.

SCÈNE II

Les Mêmes, PAUL.

PAUL, à la cantonade.

Une heure et demie, trois francs quarante... Donnez-lui cinq francs... il vous rendra cinquante sous. (Il descend sur l'avant-scène. Au public, en confidence.) J'ai acheté le cheval dont elle avait envie. (Avec amour.) Oh! ma petite femme!... (Reprenant son idée.) Une bête superbe!... tête de barbe, l'étoile nette, l'encolure d'un cygne,

* Madelon, Paul, Julie.

court jointé, le rein double!... (C'est dans Molière) en tout cent napoléons, un vrai cadeau de Tony Montel!... Je crois que Suzanne sera contente, — mais il ne faut pas le lui dire, c'est une surprise!... (Apercevant Julie.) Eh bien, Julie, et le déjeuner?...

JULIE.

Dans un instant, monsieur!

PAUL.

Dépêchons! je meurs de faim. (A part.) Mon agent de change m'a donné de bonnes nouvelles, et ça m'a creusé. Les bonnes nouvelles, ça me creuse.

MADELON, faisant la révérence.

Monsieur a bien dormi?

PAUL.

Pas mal, nourrice, et vous? (Se reprenant.) C'est-à-dire, non... et mademoiselle Bergeret?...

MADELON.

Vot' fille! monsieur?... Oh! elle n'a fait qu'un somme, et il n'est pas encore fini...

PAUL.

Et... dites-moi?... est-elle grandie depuis hier?...

MADELON.

Ah! monsieur! Avez-vous vu quéquefois pousser l'herbe?

PAUL.

Non, jamais! je me suis toujours levé trop tard.

MADELON.

Eh bien! c'est ça, monsieur...

PAUL, avec orgueil.

Et c'est ma fille!...

MADELON.

Ah! pour quant à ça, monsieur, c'est pas pour nous flatter, ni moi, ni vous, ni madame, mais c'est une belle enfant.

PAUL, avec fatuité.

Ah! voilà!... quand nous nous y mettons, nous!...

MADELON.

Et maline pour quatre mois!... ah! elle vous en a du vice! et avec ça, des reparties!...

PAUL.

C'est drôle... j'ai causé plusieurs fois avec elle, et cependant...

MADELON, haussant les épaules.

Ah! vous n'avez pas su la comprendre, vous!

PAUL.

C'est donc ça?

MADELON, écoutant à la porte de gauche, premier plan.

Tenez, la v'là qui crie!...

PAUL.

Bah! vraiment? moi, je n'entends rien... ce que c'est que la voix du sang!

MADELON.

J' vas tâcher de la rendormir.

Elle sort par la gauche, premier plan.

SCÈNE III

PAUL, JULIE, puis SUZANNE.

PAUL.

Ah çà! et madame? Est-ce qu'elle n'est pas encore levée *?...

JULIE.

Ah! par exemple, monsieur!... mais madame est au bain depuis au moins une heure! Eh! tenez!... je l'entends!

PAUL, avec joie, allant au-devant de Suzanne.

C'est elle! ma petite femme!

SUZANNE, entrant par le fond.

Me voilà revenue! (Sautant au cou de son mari.) Re-bonjour, mon petit Paul!...

PAUL.

Re-bonjour, ma chérie!... (A Julie.) Servez le déjeuner, vivement!

JULIE.

On y va, monsieur.

Elle sort à droite, deuxième plan.

SCÈNE IV

PAUL, SUZANNE, puis JULIE.

PAUL, regardant Suzanne qui se débarrasse **.

Est-elle gentille?... est-elle gentille!... (Courant à elle.) Attends!... je vas t'ôter ton chapeau!... (Il ôte le chapeau de Suzanne.) On appelle

* Paul, Julie.

** Suzanne, Paul.

ça un chapeau, je veux bien, moi! (Touchant les cheveux de sa femme.) Ah çà! mais, tu viens donc de faire une pleine eau?... ils sont tout mouillés!... Attends que je les sèche... (Il baise les cheveux de Suzanne avec délice.) Oh! Dieu! comme ils sentent bon!...

SUZANNE.

Ils sentent le foin coupé, ton odeur favorite.

PAUL, même jeu.

C'est vrai!... (Plongeant sa figure dans les cheveux de Suzanne.) C'est gentil la campagne!... (Chantant.) Je suis dans ton champ, lari-rette!...

SUZANNE, riant.

Est-il enfant!

PAUL.

Je suis jeune et amoureux, voilà tout! (Continuant à chanter.) Je suis dans ton champ... (La prenant dans ses bras.) Laisse-moi cueillir un coquelicot!...

Il l'embrasse. Julie rentre avec le déjeuner.

SUZANNE, s'échappant.

Prends garde, voilà le garde champêtre!...

JULIE, qui a déposé un plateau sur le guéridon.

Madame est servie! *...

PAUL, lui donnant le chapeau de Suzanne.

Très-bien; alors, Julie, vous pouvez aller à vos affaires; si on a besoin de vous, on vous sonnera.

JULIE.

Bien, monsieur. (A part.) Ce qu'il y a de bon avec eux, c'est qu'ils n'usent pas les sonnettes!

Elle sort par le fond et referme la porte.

PAUL, avec satisfaction **.

Nous voilà seuls!... comme Adam et Ève, dans le paradis terrestre...

SUZANNE, regardant le couvert.

Et rien n'y manque, pas même les pommes!

PAUL, amoureusement.

Tu m'en offriras, hein?...

SUZANNE.

Ah! il y a temps pour tout... (A part, avec un mouvement.) Aïe!

* Suzanne, Paul, Julie.
** Suzanne, Paul.

PAUL, étonné.

Tiens! pourquoi donc fais-tu la grimace?

SUZANNE, se tenant la joue à la dérobée.

Je fais la grimace, moi?... Eh bien! vous êtes encore poli, vous!

PAUL, surpris.

Vous?...

SUZANNE, après un autre mouvement.

Toi!... (A part.) C'est passé!... (Haut.) A table!...

Elle passe au guéridon et se place sur le canapé.

PAUL, fredonnant.

A table! à table! à table!... (Ils s'asseyent à table en face l'un de l'autre. Servant *.) Vous offrirai-je une aile de perdreau, marquise?...

SUZANNE, tendant son assiette.

Mille grâces, marquis!...

PAUL, après un temps.

Dis donc... est-ce que tu es bien, toi, là-bas?...

SUZANNE.

Oui, très-bien.

PAUL.

C'est étonnant, moi, je suis mal... il manque quelque chose à mon bonheur.

SUZANNE, riant.

Tiens donc, despote!

Elle s'efface sur le canapé, de manière à faire une place à Paul.

PAUL, ravi, s'asseyant à côté d'elle

Ah! complet!... Déjeunons!...

Chaque fois que Suzanne veut porter un morceau à sa bouche, Paul l'intercepte et lui baise la main.

SUZANNE, riant.

Mais ce n'est pas commode du tout de manger comme ça!

PAUL.

C'est bien ce qui en fait le charme, tiens!

SUZANNE.

Oh! mais j'ai la pépie, moi!

PAUL, lui donnant son verre et lui versant à boire.

Tiens, buvons dans le même verre! Comme ça, chacun de nous deux saura ce que l'autre pense.

* Paul, Suzanne.

SUZANNE.

C'est ça. (Après avoir bu.) Bois à ton tour.

Elle donne le verre à Paul.

PAUL, après avoir bu.

Eh bien?...

SUZANNE, coquettement.

Eh bien... tu m'aimes... Eh bien?...

PAUL.

Eh bien, tu ne m'aimes pas.

SUZANNE, tendrement.

Tu as avalé de travers!

Tous deux rient et s'embrassent.

PAUL, gravement.

Écoute-moi bien, Suzanne, le moment est solennel, vois-tu... si l'amour n'existait pas, il faudrait l'inventer.

SUZANNE.

Peut-être bien.

PAUL.

Et quelle fortune... pour l'inventeur!...

SUZANNE.

C'est vrai, monsieur l'homme d'argent... mais... (Avec un soupir railleur.) l'affaire est faite!...

PAUL.

Oh! c'est égal!... quand une invention est trouvée, on la perfectionne...

Il l'entoure de ses bras.

SUZANNE, se défendant.

Paul!...

PAUL.

Ah! bien, alors, si tu n'encourages pas la science!...

SUZANNE, changeant de ton tout à coup, se levant et prenant la place qu'occupait primitivement Paul, elle s'assied sur la chaise.

Laisse-moi!*

Moment de silence. Suzanne a encore une fois changé de visage, elle porte à la dérobée sa main à sa joue.

PAUL.

A quoi penses-tu donc?

* Suzanne, Paul.

SUZANNE, redevenue un peu nerveuse *.

Je pense que nous sommes des égoïstes!...

PAUL.

L'amour est un égoïsme à deux, c'est connu!

SUZANNE.

Nous n'avons jamais un souvenir pour ce pauvre père qui est là-bas, tout seul, à Corbeil!...

PAUL.

D'abord, Corbeil est une jolie ville!... et puis, papa Dubuisson n'est pas tout seul!... Il a avec lui... ses canards... qu'il aime beaucoup... avec des olives...

SUZANNE, agacée.

Paul!...

PAUL.

Quoi donc?

SUZANNE.

C'est très-mal de parler aussi légèrement de papa. C'est très-mal! très-mal! très-mal!

PAUL, voulant la calmer, passe derrière le fauteuil de Suzanne.

Eh bien? eh bien?... Voyons! je me rétracte! je retire les canards! je retire les olives... (Voulant lui prendre la main.) Suzanne!... (Suzanne retire sa main.) Est-ce que tu ne manges plus?...

SUZANNE, se levant.

Non.

PAUL.

Ah! mon Dieu! que c'est drôle, ça!...

SUZANNE.

Quoi? qu'est-ce qui est drôle?... Est-ce moi qui suis drôle?...

PAUL.

Mais non! mais non! Seulement depuis deux ou trois jours...

SUZANNE.

Depuis deux ou trois jours, après?...

PAUL.

Je te trouve changée... tu restes quelquefois... (je ne voulais pas te le dire, mais je l'avais bien remarqué) tu restes quelquefois un grand quart d'heure sans ouvrir la bouche, le regard fixe... le sourcil froncé... Tiens, comme en ce moment...

* Suzanne, Paul.

SUZANNE, luttant contre la douleur.

Tu es fou!

PAUL.

Non, non, je ne me suis pas trompé!... On dirait que ta pensée voyage... enfin, cette nuit, pas plus tard que cette nuit, quand je me suis éveillé, tu ne dormais pas!... Tu avais ta jolie tête appuyée dans ta jolie main...

SUZANNE, de plus en plus fiévreuse, elle passe à droite.

Au bout de mon joli bras... sur mon joli oreiller!... Quoi! encore de joli?... Ah! que vous m'agacez! *...

PAUL, désolé.

Pourquoi ça?... Mais je n'ai rien fait, rien du tout! Suzanne! ma petite Suzanne... est-ce que tu ne m'aimes plus?...

SUZANNE, avec un grand sentiment de bien-être, et à part.

Ah! c'est encore passé!...

Elle tend la main à Paul.

PAUL, avec un cri de joie.

Ah! à la bonne heure! Je te reconnais! je te retrouve! Voilà bien ton doux visage, (Suzanne sourit.) et l'écrin qui s'entr'ouvre!... (Avec amour.) Ouvre l'écrin... montre-moi tes petites quenottes blanches que j'aime tant!...

SUZANNE, refusant.

Mais...

PAUL.

Ouvre donc!... je veux voir si on ne m'a pas volé des perles!... (Suzanne rit; joyeux.) Il y a le compte, il y a le compte!...

SUZANNE, vivement.

Croyais-tu donc qu'il m'en manquait?

PAUL.

Moi?... Ah! qu'elle est godiche!...

SUZANNE.

Eh bien, monsieur! à genoux tout de suite!

PAUL, avec passion, à genoux.

Ah! ma petite Suzanne!... ma petite femme adorée!

SUZANNE.

A la bonne heure!

Paul est aux genoux de Suzanne, qui s'est assise sur la chaise à côté du guéridon.

* Paul, Suzanne.

ENSEMBLE.

AIR : *République de Platon.* (Nargeot.)

Ah ! vraiment,
C'est charmant !
Le ménage
A son avantage !
Qu'il est doux
Entre époux,
D'être ainsi tous deux
Amoureux !
Comme l'on est heureux !

PAUL.

Loin de toi, mon cœur
N'a plus de bonheur...

SUZANNE.

Loin de toi, j'attends
Et compte les instants.

PAUL.

Notre ménage a
Plus d'un an déjà...

SUZANNE.

Mais notre amour
N'a qu'un jour.

ENSEMBLE.

Ah ! vraiment ! etc., etc.

Paul embrasse follement Suzanne qui lui rend ses baisers. En ce moment, Dubuisson paraît au fond avec Julie. Il tient des bagages de chaque main. Julie porte son carton à chapeau. Dubuisson, d'un geste, impose silence à Julie et descend sur la pointe des pieds. Julie se retire, emportant les bagages.

SCÈNE V

LES MÊMES, DUBUISSON.

DUBUISSON, passant sa tête entre Paul et Suzanne. *

Part à trois !

SUZANNE, sautant de joie.

Ah ! papa !

PAUL, surpris.

Monsieur Dubuisson !

* Paul, Dubuisson, Suzanne.

DUBUISSON, riant.

Mais oui, c'est moi!... Papa Dubuisson, à qui on avait promis de servir régulièrement une rente de caresses et qui est obligé de venir toucher lui-même ses arrérages.

SUZANNE, l'embrassant.

Cher petit père!

DUBUISSON.

Il paraît qu'on paie aujourd'hui?

PAUL.

Ah! on paie tous les jours.

SUZANNE.

Que c'est donc gentil d'être venu nous surprendre ainsi... Tu vas déjeuner?

Elle remonte au fond à droite et sonne. Julie paraît.

DUBUISSON.

Déjeuner! il y a longtemps que c'est fait; à Corbeil, nous avons l'appétit ouvert avant les yeux!... Ce matin, à neuf heures, j'étais déjà installé sous ma tonnelle, en face d'un vieux flacon et d'un restant de canard...

PAUL.

Aux olives?...

DUBUISSON.

Aux ol... (Se reprenant.) Non, il ne restait pas d'olives... (Gaiement.) Eh bien! qu'est-ce qu'ils ont donc à rire, ces deux imbéciles-là?

SUZANNE, qui a fait signe à Julie d'enlever le déjeuner.

Oh! rien, petit père; seulement, je vas te dire... tout à l'heure...

PAUL.

Nous parlions justement de...

DUBUISSON, les pressant dans ses bras.

Chers enfants... ils parlaient de mes canards... (Se reprenant.) de moi, veux-je dire!... c'est bien, c'est très-bien!... (Il embrasse Suzanne, celle-ci fait un mouvement.) Quoi donc?... Ah! (Se touchant le menton.) ça te pique?... Ma foi!... tant pis! je n'ai pas eu le temps de me faire la barbe; ça sera pour tantôt... et j'en donnerai l'étrenne à l'enfant. (A Paul.) Elle va bien, la moucheronne?...

PAUL.

Oh! elle va comme sur des roulettes.

DUBUISSON, passe à droite *.

Et... quand fait-elle sa première communion?... Quand la marie-t-on? Quand me fait-elle deux fois grand-père?

Julie sort par la droite emportant le guéridon.

SUZANNE.

Ah! papa!... y songez-vous?...

Elle redescend au milieu **.

AIR : de *Perinette.*

Non, je ne veux pas vieillir!
Laissez-nous notre jeunesse;
Car l'âge de la tendresse
Vaut celui du souvenir.
Si peu de temps la fleur brille,
Et la beauté passe un jour;
Pendant que grandit ma fille,
Laissez fleurir notre amour!
Si j'étais vieille, ô mon père,
Paul pourrait moins me chérir;
Je ne veux pas être grand'mère,
Je ne veux pas encor vieillir!

DUBUISSON, comprenant.

Ah! bon!... j'y suis... Que veux-tu! je ne me souviens plus, moi. C'est fini depuis si longtemps! Aujourd'hui, je me contente de regarder passer l'amour.

PAUL.

Ah bien! beau-père... vous n'avez rien à voir ici.

DUBUISSON, au milieu ***.

C'est-à-dire que le vôtre ne passe pas, hein?... Bravo, mon gendre! « Soyez heureux, voilà le vrai bonheur!... » C'est une maxime du *Tintamarre!* A Corbeil, nous sommes tous abonnés au *Tintamarre!* Mais j'avoue que ce délassement littéraire ne me suffisait plus; alors, comme j'avais été bien sage, je me suis accordé un congé... et je viens passer huit jours avec vous.

SUZANNE.

Quinze jours, un mois, un an, toute la vie, si tu veux!

DUBUISSON.

Non! non! Vous avez vos habitudes; moi, j'ai les miennes, et... comme leur âge diffère... D'ailleurs, que dirait Médor?

SUZANNE.

On l'enverrait chercher.

* Paul, Suzanne, Dubuisson, Julie.
** Paul, Suzanne, Dubuisson.
*** Paul, Dubuisson, Suzanne.

DUBUISSON.

Oh! il n'aime pas Paris! il y a trop de muselières... Pour moi, je veux m'en payer tout mon saoûl pendant ces huit jours de vacances... je veux voir tous les nouveaux boulevards... toutes les pièces nouvelles. Nous irons voir la *Biche au Bois* et *Orphée aux Enfers.*

SUZANNE.

Nous te conduirons partout !

DUBUISSON, gaiement.

Et ailleurs!...

SUZANNE.

Et ailleurs!...

DUBUISSON.

Nom d'un couteau! que je vais donc m'amuser!

Il l'embrasse, Suzanne fait un petit cri.

DUBUISSON.

Qu'est-ce que tu as donc ?

SUZANNE, se tenant la joue à la dérobée.

Rien, rien...

DUBUISSON.

Tu as fait... ah! (Par réflexion.) Ah! encore ma satanée barbe! je n'y pense jamais!

SUZANNE.

Oui... oui... c'est cela!

PAUL.

Vous ne savez pas, beau-père, pour commencer, aujourd'hui, je louerai une calèche, et nous irons faire un tour au Bois...

DUBUISSON.

C'est ça... avec la fashion!

SUZANNE, dissimulant sa contrariété, à Paul.

Mais... est-ce que tu ne vas pas à la Bourse, aujourd'hui?

PAUL.

Si fait, mais la Bourse ferme à trois heures... à trois heures un quart, je viendrai vous prendre.

SUZANNE, rassurée.

C'est entendu! nous emmènerons l'enfant, ça lui fera du bien.

Elle va à la cheminée.

PAUL.

Ça la fera grandir!

DUBUISSON, *enchanté.*

C'est ça! Nom d'un couteau! que je vais donc m'amuser... (*s'attendrissant.*) Ah! la famille!... la famille!... Il n'y a que ça!... Hier, je pensais à vous, à votre petit ménage si gentil, si uni... et en le comparant à celui de ce pauvre Chavarel...

PAUL.

M. Chavarel... le pharmacien de Corbeil?

DUBUISSON.

Justement!... au *Mortier d'Or.*

PAUL.

Eh bien! que lui est-il donc arrivé?

DUBUISSON.

Il lui est arrivé... que sa femme est partie avec un singe.

PAUL.

Un singe?...

DUBUISSON.

Qui ressemblait à un homme; elle y a été trompée, la malheureuse!

PAUL.

Et M. Chavarel?...

DUBUISSON, *riant.*

Il a été trompé aussi!...

PAUL.

Mais comment donc a-t-il appris?...

DUBUISSON.

Comment?... comment?... Ah! parbleu! par une lettre!... qu'il a trouvée dans un petit meuble Louis XV... Oh! les petits meubles Louis XV!... Ces femmes... elles ont toutes la rage d'écrire!... il n'y a pas, il faut qu'elles écrivent!... Et puis, un beau jour, le pharmacien ouvre le meuble Louis XV, et... (*A Suzanne qui redescend près de lui.*) Crois-moi, ma fille, n'écris jamais!

PAUL, *sautant.*

Hein? mais...

DUBUISSON, *par réflexion.*

Suis-je fou, moi? je ne sais pas à quoi je pense, ma parole d'honneur! Pardonnez-moi, mes enfants!... Parbleu, je sais bien que vous vous aimerez toujours...

PAUL, *avec amour.*

Suzanne est si bonne! si gentille!

DUBUISSON.

Oui! surtout quand on fait toutes ses volontés. (A Suzanne qui depuis un instant devient de plus en plus nerveuse.) Et... il fait toutes tes volontés, n'est-ce pas?

SUZANNE.

Oh! oh! toutes...

DUBUISSON.

Ah! dame, aussi... si tu lui demandes la lune...

Paul rit.

SUZANNE, à Paul, prenant le milieu de la scène*.

Tu ris?... Pourquoi ris-tu? Il me semble que ce n'est pas la lune que je t'ai demandée.

PAUL.

Non, mais...

DUBUISSON, gaiement.

Ah! si c'est le soleil?... le soleil que le grand Turc a dans le dos...

SUZANNE, pincée.

Mon père, je ne suis pas encore aussi ridicule, ni aussi exigeante que cela.

DUBUISSON.

Voyons! voyons!... ne te fâche pas! c'était pour rire!... D'abord il n'a plus de soleil dans le dos, le grand Turc...

PAUL, riant.

Il l'a vendu à Clodoche.

SUZANNE, irritée.

Voyons! veux-tu me laisser parler, oui ou non?

PAUL.

Parle! parle!

DUBUISSON.

Allons! dénonce-le! Que te refuse-t-il?

SUZANNE.

Un cheval.

DUBUISSON.

Un cheval! Tu voulais un cheval? Eh bien! pourquoi faire? Pour te casser le cou!

PAUL, à Suzanne.

Là!...

* Paul, Suzanne, Dubuisson.

SUZANNE, à Dubuisson.

Un tout petit cheval...

DUBUISSON.

Tout petit ? Tu serais tombée de moins haut, c'est vrai, mais c'est égal, il a bien fait de te refuser...

SUZANNE, très-norveuse.

Eh bien! alors, à quoi ça me sert-il de savoir y monter?

PAUL, taquin.

Ça te sert à parler cheval dans le monde.

SUZANNE.

Ah! vous m'impatientez!

Elle lui tourne le dos et remonte à la cheminée au fond, à droite.

PAUL, à part.

Pauvre petite chérie!.. si elle savait?... (Tirant sa montre.) Mais voilà l'heure où l'on doit m'amener la surprise toute sellée, et il faut que je sois là pour la recevoir. (Haut, à Dubuisson.) Excusez-moi, monsieur Dubuisson.

DUBUISSON.

Monsieur! monsieur! appelle-moi donc papa, nom d'un couteau!

PAUL.

Excusez-moi donc, papa beau-père... J'ai quelques papiers à mettre en ordre, et...

DUBUISSON.

Va, va, mon garçon!

PAUL.

Dans un instant je suis à vous...

Il sort par le fond.

DUBUISSON, le reconduisant.

Ne te gêne pas!

SCÈNE VI

DUBUISSON ET SUZANNE *.

DUBUISSON, redescendant.

Quel charmant garçon!... et comme je vais m'amuser!...

* Dubuisson, Suzanne.

SUZANNE, dont la douleur augmente, la tête dans ses deux mains, appuyée sur la cheminée, à part.

Ah! c'est à n'y pas tenir!

Elle jette violemment à terre un des objets qui se trouve sur la cheminée.

DUBUISSON, surpris et se retournant.

Eh bien! quoi donc? Voilà que tu casses ton ménage? (Suzanne ne bouge pas.) Suzanne! (Même jeu.) Ma fille!... (Même jeu, s'approchant.) Ah çà! décidément, qu'est-ce que tu as donc?

Il la fait descendre en scène.

SUZANNE, pleurant presque en se tenant la joue.

Eh bien... papa... j'ai...

DUBUISSON.

Tu as?...

SUZANNE, à voix basse.

J'ai mal aux dents!...

DUBUISSON, éclatant de rire.

Ah! ah! ah!... c'est trop fort!

SUZANNE.

Comment?

DUBUISSON, railleur.

Tu as mal aux dents?

SUZANNE.

Mais oui...

DUBUISSON, de même.

Tu en es sûre?...

SUZANNE.

Comment?... si j'en suis sûre!...

DUBUISSON, revenant sérieux.

Voyons! voyons! mon enfant! Il ne faudrait plus me la faire, celle-là!

SUZANNE, étonnée.

Comment! vous la faire?

DUBUISSON, se reprenant.

C'est un mot de ce pauvre Chavarel... il avait appris ça au Vaudeville...

SUZANNE.

Quand je vous affirme...

DUBUISSON.

Que tu as mal aux dents? oui, c'est convenu.

SUZANNE, en colère.

Je vous jure que j'ai là une douleur...

DUBUISSON, riant.

Une douleur... de cheval!

SUZANNE.

Que voulez-vous dire ?

DUBUISSON.

Ah! rusée! quand tu étais toute petite et que tu faisais tes dents, on te passait tous tes caprices... Voyant cela, tu as fait durer la dentition jusqu'à l'âge de douze ans, pour avoir des poupées; et aujourd'hui, tu la recommences pour avoir des chevaux.

SUZANNE.

Mais...

DUBUISSON.

Va, va... ton mari rira bien quand...

SUZANNE, vivement.

Ne lui en parlez pas... ne lui dites rien... je ne le veux pas, entendez-vous! je ne le veux pas...

PAUL, en dehors.

Tenez-le bien!

SUZANNE.

Le voilà!... pas un mot, papa! ou je ne vous aime plus!

DUBUISSON.

Oh! les femmes!... les femmes!...

SCÈNE VII

LES MÊMES, PAUL.

PAUL, sans rien dire, va prendre sa femme par la main et la conduit à la fenêtre qu'il ouvre.

SUZANNE, étonnée.

Qu'y a-t-il donc ?

PAUL, joyeux.

Regarde!

SUZANNE, avec un cri de joie.

Ah! qu'il est joli! (Appelant.) Papa, papa, viens donc voir *. (Avec joie.) Il piaffe! il piaffe! (Embrassant Paul.) Oh! tu es un gentil petit homme!

* Paul, Suzanne, Dubuisson.

PAUL, modestement.

Dame!... il me semble...

DUBUISSON, bas à Suzanne, qu'il prend à part.

Dis donc... et les dents?

SUZANNE, toujours préoccupée du cheval.

Quelles dents?

DUBUISSON.

Ta douleur?...

SUZANNE.

Oh! elle est passée.

Elle remonte à la fenêtre *.

DUBUISSON à part.

Voilà!... des Désirabode, il n'en faut plus; Crémieux suffit!

SUZANNE, redescendant.

Papa, tantôt, vous irez dans la calèche avec Paul, la petite et la nourrice... et moi, je vous escorterai à cheval.

PAUL, redescendant.

C'est ça, et puis moi, j'aurai l'air d'une bête!... Non, non, je monterai à cheval aussi... tant pis!...

SUZANNE, gaiement.

C'est entendu!

DUBUISSON.

Oui, mais ce n'est pas tout ça, il faut que je fasse un bout de toilette, moi..

PAUL.

Je vais vous conduire à votre chambre, et puis j'irai à la Bourse.

Il va au petit meuble et y prend des papiers.

DUBUISSON, bas à Suzanne.

Comme ça, ça va mieux?

SUZANNE, s'efforçant de sourire.

Oui, oui, un peu mieux; mais tout à l'heure, j'ai cru que j'allais me trouver mal... oh! il ne s'en fallait...

DUBUISSON, riant.

Que de l'épaisseur d'un... cheval.

PAUL.

Venez-vous, beau-père?

DUBUISSON.

Me voilà, mon gendre!... (A part.) Oh ! les femmes!

Ils sortent à gauche, deuxième plan.

SCÈNE VIII

SUZANNE, seule.

Ce maudit dentiste, à qui j'ai écrit hier et qui ne vient pas... Je vais lui écrire de nouveau... Il faut que ça finisse... ça m'agace! (Elle s'assied devant le petit bureau à gauche, prend un buvard et se met en devoir d'écrire.) Ce monsieur, sous prétexte qu'il est Hongrois et qu'il s'appelle Grelusko... Il se fait prier!... Oh! il faudra bien qu'il vienne aujourd'hui même!... Il paraît qu'il a un grand talent... C'est Emma qui me l'a recommandé. (Elle commence sa lettre.) Oh! d'abord, je ne peux plus vivre ainsi... Paul qui aime tant mes petites perles, comme il dit... si le malheur voulait .. Et mon père qui allait lui dire... c'est qu'il ne m'aimerait plus peut-être! (La porte du fond se referme sur Paul qui vient d'entrer. Suzanne, avec un petit cri.) Paul !

Elle cache vivement la lettre en se tenant devant le secrétaire.

SCÈNE IX

SUZANNE, PAUL.

PAUL, à part, au fond.

Tiens! tiens! qu'est-ce qu'elle a donc?

SUZANNE.

C'est toi? encore!

PAUL, descendant en scène *.

Oui, ma petite Suzanne... j'avais oublié de t'embrasser avant d'aller à la Bourse.

SUZANNE.

Et c'est pour ça que tu reviens?

PAUL.

Dame, oui! quand je vais à la Bourse sans t'embrasser, ça me porte la déveine. Embrasse-moi, dis! (Il lui tend la joue.) Veux-tu embrasser ton petit mari?

SUZANNE, se levant et l'embrassant très-rapidement.

Voilà!... adieu, mon ami, va à tes affaires...

* Suzanne, Paul.

PAUL, à part, en remontant.

C'est drôle! elle a caché quelque chose... une lettre...

SUZANNE.

Adieu! mon ami... mais va donc! Tu reviendras à trois heures, n'est-ce pas?

PAUL.

Oui, oui... oui... (A part.) Ah! c'est drôle tout de même!

Il sort par le fond.

SCÈNE X

SUZANNE, puis JULIE.

SUZANNE, écoutant à la porte du fond.

Enfin! (Elle court à la fenêtre à gauche, regardant.) Il est bien parti! vite, achevons cette lettre...

Elle reprend le buvard.

JULIE, entrant par la porte de droite, deuxième plan.

Madame *...

SUZANNE, avec un cri.

Ah! tu m'as fait peur! j'ai cru que c'était encore mon mari. Qu'est-ce que tu veux, toi?

JULIE, mystérieusement.

Madame, c'est un monsieur... ça me fait l'effet d'un général...

SUZANNE.

Un général?...

JULIE.

Étranger... voilà sa carte.

Elle donne une carte à Suzanne.

SUZANNE.

Donne... (A part, lisant.) Grelusko!... C'est lui!... (Haut.) Vite, fais entrer!...

JULIE, à la porte de droite, deuxième plan.

Monsieur peut entrer.

Grelusko paraît. Il est en costume hongrois, constellé de décorations et de médailles étrangères **.

* Suzanne, Julie.

** Grelusko, Julie, Suzanne.

SUZANNE.

Julie, je n'y suis pour personne... entends-tu, pour personne...

JULIE.

Oui, madame! (A part.) Eh bien, en voilà des mystères!

Elle sort par le fond.

SCÈNE XI

SUZANNE, GRELUSKO *.

GRELUSKO.

C'est madame qui m'a fait l'honneur de réclamer mes soins?...

SUZANNE, après lui avoir montré un siége, s'assied sur le canapé.

Vous êtes bien M. Grelusko, le dentiste?

GRELUSKO, avec modestie.

L'illustre dentiste, oui, madame!

Il s'assied.

SUZANNE.

J'ai entendu parler de votre habileté par une de mes amies, madame de Nerville.

GRELUSKO.

Une personne fort élégante!... Avant moi, elle avait essayé de l'Angleterre... résultats négatifs!... puis de l'Amérique. (Se levant.) La Hongrie a une devise, madame : « Guérir sans arracher. »

Il se rassied.

SUZANNE.

Monsieur, depuis trois jours, je souffre. Oh! figurez-vous que...

GRELUSKO, tirant un flacon de sa poche.

J'ai inventé l'élixir du Danube... trésor dentifrice, une merveille!... Du reste, si madame a daigné jeter les yeux sur moi, madame a dû remarquer que je suis...

Il montre ses décorations.

SUZANNE.

Effectivement, monsieur, j'admire même le nombre de...

GRELUSKO.

Je n'en porte que sept... Celle-ci, c'est la reine de Madagascar qui me l'a envoyée... Cette médaille, c'est du shah de Perse... Quant à cette plaque-là, je ne sais pas ce que c'est...

* Grelusko, Suzanne.

SUZANNE.

Ah !

GRELUSKO.

Je la mets par-dessus le marché. Madame voit que je ne suis pas un dentiste ordinaire.

SUZANNE.

Oh ! le doute n'est pas permis, monsieur.

GRELUSKO.

Si madame veut me permettre de lui offrir ma photographie ?

Il tire de sa poche plusieurs portraits-cartes.

SUZANNE, à part.

Il est comique, ce monsieur ! (Haut.) Comment donc, monsieur, j'ai mon album de célébrités...

GRELUSKO, toujours modeste.

Vous pouvez m'y mettre.

Il donne le portrait.

SUZANNE.

Mais... j'ai une prière à vous faire... il est une chose que j'implore de vous...

GRELUSKO.

Un autographe, sans doute ?...

SUZANNE.

Je vous supplie, monsieur, de ne dire à personne que je suis votre cliente... je vous demande la discrétion la plus absolue... c'est à cause de mon mari...

GRELUSKO.

Je comprends ! il a son dentiste ?

SUZANNE.

C'est cela même... il voulait me l'imposer, et vous comprenez... moi je désirais l'homme célèbre dont parle tout Paris.

GRELUSKO, se levant.

Toute la France aussi, madame.

Il se rassied.

SUZANNE.

Certainement !... Ainsi, je puis compter sur votre discrétion ?

GRELUSKO.

Je suis Hongrois, j'ai deux frères pianistes... Osanore et Mystère !

Il se lève.

SUZANNE, se levant aussi.

Vous me le jurez?

GRELUSKO.

Sur mes sept décorations!

SUZANNE.

Ah! voilà que je souffre!... Ah! mon Dieu!... C'était calmé... ça revient... Monsieur, j'ai envie de crier!...

Elle s'assied sur la chaise de droite.

GRELUSKO.

Il faut crier! Ça soulage.

SUZANNE, se relevant.

Non, je ne crierai pas!... Non!... je ne le veux pas! on ne saura rien...

Elle passe à droite et s'assied.

GRELUSKO *.

Ne criez pas! Ça soulage également! (Regardant.) Voyons, voyons!... Des dents charmantes!

SUZANNE.

Pas de compliments, monsieur! vous m'agacez! Guérissez-moi... mais guérissez-moi donc!... Tenez... c'est là... tout au fond...

GRELUSKO, examinant.

Oui... oui... je vois... je vois...

PAUL, en dehors, appelant.

Julie! Julie!

SUZANNE.

Ah!

Elle mord Grelusko qui avançait le doigt.

GRELUSKO, mordu.

Aïe! sapristi!...

SUZANNE.

C'est Paul! Et vous êtes là?... Mais il va vous voir!

GRELUSKO, secouant son doigt.

Vous m'avez mordu!

SUZANNE.

Je ne veux pas qu'il vous voie!... Tenez... entrez là! vite! (Elle ouvre la porte d'un cabinet à droite, premier plan, et y pousse Grelusko.) Mais entrez donc!... Ah! il était temps!

* Suzanne, Grelusko.

SCÈNE XII

SUZANNE, PAUL, puis JULIE, puis MADELON.

PAUL, sur le seuil *.

Bonjour, ma petite Suzanne.

SUZANNE, avec une impatience qui grandit.

C'est encore vous?

PAUL.

Encore!... oh!

SUZANNE.

Vous n'êtes pas à la Bourse?

PAUL.

Non!... ils ne font rien... Alors, je me suis dit... Ma foi! tant pis, au diable les affaires!

SUZANNE, à part, se tenant la joue.

Ah! que ça me fait mal!

PAUL.

Alors, je suis allé louer une calèche chez Drion... Nous allons promener bon papa et le bébé. J'ai dit à Julie de venir t'habiller... C'est une bonne idée, ça, dis?... Nous allons faire une bonne promenade.

SUZANNE, dont la crise augmente.

Non!

PAUL.

Comment?

SUZANNE.

Je ne sortirai pas!

PAUL.

Mais puisque la calèche...

SUZANNE.

Ah! mon cher, laissez-moi tranquille avec votre calèche!... Puisque je veux rester... Allez vous-en!... Laissez-moi seule!... je ne veux pas sortir! (Criant et serrant les poings.) Je vous dis que je ne veux pas sortir!

PAUL.

Mais qu'est-ce que tu as?

* Paul, Suzanne.

SUZANNE*.

On me rend malheureuse!... Papa! papa!

PAUL.

Mais tu es folle!

SUZANNE, courant çà et là dans la chambre.

Il m'insulte! papa! papa!

PAUL.

Tais-toi donc!

SUZANNE.

Il m'impose silence!... Ah! c'est trop fort**! je veux m'en aller!... je ne veux pas rester ici! je n'y resterai pas une seconde de plus! Ah! papa avait bien raison quand il me défendait de vous épouser.

PAUL.

Hein?

SUZANNE.

Quand il me disait que vous étiez un vilain homme...

PAUL.

Il a dit ça?

SUZANNE, à part.

Ah! que je souffre! je voudrais me jeter par la fenêtre!

PAUL.

Bon papa a dit ça?

SUZANNE, les mains crispées.

Ah! ah! Il en a dit bien d'autres, allez!... Et que vous étiez ridicule, et que vous étiez laid, et que vous aviez l'air d'un petit singe!... Entendez-vous, d'un petit singe!

PAUL.

Bon papa a dit ça?... C'est donc son mot, alors?

SUZANNE.

Mais allez-vous-en donc!

JULIE, entrant très-gaiement***.

Madame, voilà votre robe!

SUZANNE.

Une robe!... pourquoi?...

* Suzanne, Paul.
** Paul, Suzanne.
*** Paul, Julie, Suzanne.

JULIE.

Puisque madame va sortir...

SUZANNE.

Vous êtes une sotte * !...

JULIE.

Ah! mais, madame, c'est monsieur qui...

SUZANNE.

Elle ose me répliquer! impertinente!... Tenez!...

Elle lui jette la robe au nez.

JULIE, pleurant.

Traitée de la sorte! Ah! c'est indigne!

SUZANNE, marchant sur elle comme pour la griffer.

Oh! elle m'agace!... je vous chasse!... Dieu! que je suis malheureuse!

Elle jette à terre les potiches, la pendule, les candélabres, et ce qui se trouve sous sa main.

PAUL, cherchant à la calmer.

Voyons, Suzanne!... voyons, ma petite Suzanne!... (Finissant par s'arracher les cheveux.) Mais qu'est-ce que ça veut dire?...

Suzanne se laisse tomber sur le canapé.

MADELON, entrant par la gauche **.

Quoi donc qu'il y a, m'sieu?...

PAUL, frappé d'une idée.

Ah! Madelon! apportez la petite... ça la calmera! ..

SUZANNE, piétinant avec colère.

Je ne veux pas la voir!... Qu'on ne l'apporte pas!... je ne veux pas la voir!

Elle se lève.

PAUL.

Oh! elle refuse d'embrasser son enfant!!!

ENSEMBLE.

AIR : du *Philtre*.

SUZANNE.

Ah! j'étouffe de colère!
Ici chacun m'exaspère!
Leur désir,
Leur plaisir
Est de me faire mourir!
On lasse ma patience;
Ah! quelle horrible existence!
C'est affreux,
Odieux!
Je sortirai de ces lieux!

JULIE.

Ah! j'étouffe de colère!
Oui, ce soufflet m'exaspère!
De servir,
D'obéir,
Si c'est l'profit, beau plaisir!
Ma foi, je perds patience;
Dieu! quelle horrible existence!
C'est affreux!
Odieux!
Je sortirai de ces lieux!

* Paul, Suzanne, Julie.
** Madelon, Paul, Suzanne, Julie.

PAUL.

Pourquoi donc cette colère?
Qu'est-ce donc qui l'exaspère?
Prévenir
Son désir
Est pourtant mon seul plaisir!
C'est à perdre patience;
Ah! quelle horrible existence!
C'est affreux,
Odieux!
C'est à sortir de ces lieux!

MADELON.

Pourquoi donc cette colère?
Qu'est-ce doncqui l'exaspère?
D'la servir,
D'obéir,
Si c'est l'profit, beau plaisir!
C'est à perdre patience,
Dieu! quelle horrible existence!
C'est affreux,
Odieux!
C'est à sortir de ces lieux!

Suzanne sort furieuse par la droite. Julie pleurant sort par le fond, et Madelon par la gauche, première porte.

SCÈNE XIII

PAUL, puis DUBUISSON.

PAUL, accablé.

Oui, je le demande au ciel, qu'est-ce que ça veut dire?

Dubuisson entre. Il est habillé de neuf, rasé de frais, a son chapeau sur la tête, sa canne sous le bras, et introduit sa main dans ses gants.

DUBUISSON, très-gai *.

Eh bien! et cette calèche, est-elle arrivée?

PAUL.

Ah! vous voilà, vous!...

DUBUISSON, de même.

Oui. Satanés gants, va!

PAUL.

Vous avez donc dit que j'étais un vilain homme, vous?

DUBUISSON.

Plaît-il?

PAUL.

Vous avez donc dit que j'avais l'air d'un petit singe, vous?

DUBUISSON.

Moi!... à quel propos?... Non, tu ressembles plutôt à un mouton. Du reste, tout le monde ressemble plus ou moins à un animal. Les savants ont remarqué ça.

PAUL, pleurant.

Ah! mon Dieu! mon Dieu!

* Dubuisson, Paul.

DUBUISSON, incrédule.

Il pleure!... Ah çà! qu'est-ce que tu as, toi?

PAUL.

J'ai... J'ai que Suzanne ne m'aime plus !

DUBUISSON.

Allons donc!

PAUL.

Elle a tout cassé!... Tenez, voilà la pendule... (Il la ramasse.) Elle est arrêtée!... Elle m'a dit que j'étais ridicule et elle a refusé d'embrasser la petite.

DUBUISSON.

Allons donc!

PAUL.

Depuis trois jours elle n'est plus la même. Elle ne m'aime plus, et si elle ne m'aime plus, c'est qu'elle en aime un autre.

DUBUISSON.

Tu es fou!

PAUL.

Oh! non!... (Se souvenant.) Là, tenez!... tout à l'heure quand je suis entré, elle a caché une lettre dans ce buvard... comme madame Chavarel... je l'ai vue *...

DUBUISSON.

Tu as cru voir!

PAUL, qui a trouvé la lettre.

Oh! elle y est encore!... (Il lit.) Oh! oh!

DUBUISSON.

Elle écrit à sa modiste, à sa couturière, probablement.

PAUL, lisant.

« Je veux vous voir absolument... Venez à deux heures pendant que mon mari sera à la Bourse. Ma femme de chambre vous introduira. » Julie était sa complice!

DUBUISSON.

Cette lettre-là ne prouve rien. Tu la gênerais, quand elle parle chiffons... Alors, elle écrit à sa couturière : « Venez à deux heures, mon mari ne vous gênera pas... » Voilà l'explication naturelle!

PAUL, voyant le portrait-carte que Suzanne a laissé sur le canapé et passant **.

Qu'est-ce que c'est que ça?

* Paul, Dubuisson.
** Dubuisson, Paul.

2.

DUBUISSON.

Ça quoi? (Impatienté.) Ça quoi?

PAUL, qui a ramassé le portrait.

Oh!

DUBUISSON.

Quoi! oh? quoi! oh?

PAUL.

Un militaire!

DUBUISSON, regardant la photographie.

Ça? c'est un Polonais! qu'est-ce que ça prouve? (Paul flageole.) Voyons, sacrebleu! Tu es un homme!

PAUL.

Ah! je ne sais plus ce que je suis! Elle, Suzanne, me tromper!

DUBUISSON.

Qu'est-ce que ça prouve? C'est un Polonais!... La femme la plus honnête peut avoir chez elle un Polonais...

PAUL.

Vous croyez?

DUBUISSON.

Tiens, moi, à Corbeil, j'ai un domestique... qui est Allemand... Qu'est-ce que ça prouve?

PAUL.

C'est égal, voyez-vous, tout ça n'est pas clair! (On entend tomber un meuble dans le cabinet où est Grelusko.) Ah! il est caché!... caché!...

Il va à la porte de droite, premier plan.

DUBUISSON, le retenant.

Mais non!... C'est le frotteur!... je te dis que c'est le frotteur!

PAUL.

Laissez-moi! je veux m'enfoncer le poignard!... (Il va regarder au trou de la serrure.) Ah! c'est lui!...

DUBUISSON.

Qui, lui?

PAUL.

Le militaire!... Oh! je vais le pulvériser!...

Il court chercher sa canne que Dubuisson a posée contre une chaise, à gauche.

DUBUISSON, l'arrêtant et le faisant passer.

Du calme! du calme! je suis le chef de la famille; je me charge de le voir. Laisse-moi seul avec cet étranger... je l'exige!

PAUL.

Vous le voulez?

DUBUISSON.

Mon cœur de père doute encore! Laisse-nous seuls!

PAUL.

Soit! (A part.) Mais j'ai mon idée!

DUBUISSON.

Va, mon bon ami, va!

PAUL, à part.

Oh! oui, j'ai mon idée! il y aura du sang!

Il sort par la porte, deuxième plan à gauche.

SCÈNE XIV

DUBUISSON, puis GRELUSKO.

DUBUISSON, brandissant sa canne.

Il est des moments où un rentier outragé devient un lion, quand il est père!... (Ouvrant la porte du cabinet à gauche.) Sortez, colonel!

GRELUSKO, paraissant à part *.

Un homme d'âge! c'est peut-être le mari!

DUBUISSON, à part.

Soyons calme d'abord! (Haut.) Monsieur, vous portez sur votre poitrine de glorieux insignes. Je fais donc appel à votre franchise.

GRELUSKO, à part.

Osanore et Mystère!

DUBUISSON.

Vous êtes étranger, monsieur, Polonais peut-être?

GRELUSKO.

Je suis Hongrois.

DUBUISSON.

C'est la même chose. Répondez-moi donc avec loyauté... C'est un père qui vous parle. Ce titre me donne le droit de vous interroger.

GRELUSKO, ricanant.

Ah bon! je vous prenais pour le mari!

* Dubuisson, Grelusko.

DUBUISSON.

Ne riez pas, monsieur! ce n'en est point l'heure, ni la place. (Insistant.) Ni la place!

GRELUSKO, à part.

Il a aussi son dentiste!

DUBUISSON.

Je sais quel homme vous êtes...

GRELUSKO.

Bah!

DUBUISSON.

Il y a longtemps que vous êtes à Paris?

GRELUSKO.

Non, monsieur... Il y a deux mois. Je suis venu avec des lettres de recommandation pour des femmes du monde.

DUBUISSON.

Et vous l'avouez?

GRELUSKO.

Je crois bien. Voyez-vous, quand une femme du monde est contente...

DUBUISSON.

Eh bien?

GRELUSKO.

Eh bien! elle vous recommande à ses amies... Ça vous fait tout de suite une petite clientèle!

DUBUISSON.

Une clientèle!

GRELUSKO.

Dame!

DUBUISSON, à part.

Quel cynisme!... Et voilà où est la Hongrie au dix-neuvième siècle!

Il remonte à droite *.

GRELUSKO.

A Paris, il y a tant de concurrence. On a beau avoir du talent, il faut être connu. Maintenant, j'ai plus de clientes que je n'en veux!... Il y a des jours où je n'ai pas le temps de déjeuner!...

DUBUISSON, le prenant au collet.

Monsieur, vous êtes un gredin!

GRELUSKO, reculant.

Hein? quoi donc?

* Grelusko, Dubuisson.

SCÈNE XV

LES MÊMES, PAUL.

PAUL, qui vient d'entrer, présentant à Grelusko des pistolets.
Choisis*!

GRELUSKO, effrayé.
Des pistolets!

DUBUISSON.
Un duel!

GRELUSKO, à part.
Qu'est-ce que c'est que ces gens-là?

PAUL, menaçant.
Choisis!... ou je te tue!...

GRELUSKO.
Me tuer!...

DUBUISSON, se jetant entre eux.
Arrêtez! pas d'esclandre**!

GRELUSKO, à part.
Je suis dans la cage de Batty!

ENSEMBLE.

AIR : *La Consigne est de ronfler*

GRELUSKO.
Quel transport furieux!
Ah! fuyons ces êtres sanguinaires!
Sans toucher d'honoraires,
Décampons au plus tôt de ces lieux!

PAUL.
Ah! je suis furieux!
Mon affront! (*bis*) m'exaspère!
Je veux dans ma colère
L'immoler (*bis*) en ces lieux!

DUBUISSON.
Quel transport furieux!
Son affront (*bis*) l'exaspère!
Évitez sa colère,
Décampez (*bis*) de ces lieux!

Grelusko se sauve par le fond.

* Paul, Grelusko, Dubuisson.
** Paul, Dubuisson, Grelusko.

SCÈNE XVI

DUBUISSON, PAUL, puis JULIE.

PAUL.

Il se sauve!... le lâche!...

DUBUISSON.

Voyons, sapristi! du calme!

PAUL, se désolant.

Trompé!... trahi!... c'est indigne! une jeune fille dont vous m'aviez certifié les vertus, la sagesse!...

DUBUISSON.

Encore une fois, je ne puis croire que Suzanne...

PAUL.

C'est trop fort!... quand nous venons de trouver ici...

DUBUISSON.

Mais tu n'as donc pas regardé cet olibrius? Il est affreux... il est impossible qu'une femme...

PAUL.

Et madame Chavarel?...

DUBUISSON.

Madame Chavarel!... madame Chavarel! c'est une exception!

PAUL.

Non, voyez-vous, mon malheur est certain...

DUBUISSON.

Mais non!

PAUL.

Ma femme est coupable...

DUBUISSON.

Mais non!

PAUL, fondant en larmes

Elle aime le Hongrois...

DUBUISSON, perdant patience.

Ah! va-t'en au diable!... ah! satané voyage! Pourquoi suis-je venu à Paris!... j'étais si tranquille là-bas!... mais j'en ai assez! (Il passe à droite.) J'y renonce!... je retourne à Corbeil!

Il va tirer un cordon de sonnette, au fond.

PAUL, en tirant un autre.

Je ne la reverrai jamais... je quitte la maison...

TOUS DEUX, sonnant et appelant.

Julie ! Julie !

JULIE, les yeux rouges, entrant par le fond.

Me voilà, monsieur.

DUBUISSON.

Apportez-moi ma valise!

PAUL.

Préparez ma malle!

JULIE.

Ah! monsieur part?

PAUL.

Oui... oui... allez! dépêchez-vous!

JULIE, à part.

Oh! moi aussi, je vais faire mon paquet!

Elle sort.

DUBUISSON.

Voyons, Bergeret, voyons, pas de coup de tête! Réfléchis un peu!...

PAUL.

Non! c'est décidé. Je m'expatrierai... j'irai en Espagne, en Italie... en Chine... mais j'emmènerai ma fille.

DUBUISSON.

Allons, bien! nom d'un couteau! et moi qui suis venu ici pour m'amuser!

Il va s'asseoir sur le canapé.

PAUL, appelant à la porte de gauche.

Nourrice! nourrice!

SCÈNE XVII

PAUL, DUBUISSON, MADELON.

MADELON.

Monsieur m'appelle?

PAUL.

Oui, vous allez vous rendre avec la petite au chemin de fer.

MADELON.

Au chemin de fer?... avec la petiote?

PAUL.

Gare de Lyon, boulevard Mazas. Il y a un train à deux heures cinquante-cinq, vous prendrez une place pour Marseille...

MADELON, étonnée.

Pour Marseille?

PAUL.

Bouches-du-Rhône... vous descendrez à l'hôtel des Colonies, où j'irai vous rejoindre dès que j'aurai réglé mes affaires à Paris.

DUBUISSON, à part.

Mais il est fou!... complétement fou!

MADELON.

Comment, monsieur veut que...

PAUL.

Voici de l'argent... Allez, allez vite!

DUBUISSSON, grommelant.

Faire voyager un enfant de quatre mois!

MADELON.

Eh ben! en v'là une farce!...

PAUL, la poussant.

Partez, nourrice! partez!

MADELON, ahurie.

J'y vas, monsieur, j'y vas!... (A part.) Je m'arrêterai à Mâcon, pour embrasser mon homme!

Elle sort à gauche, premier plan.

SCÈNE XVIII

PAUL, DUBUISSON.

DUBUISSON, se levant et arpentant le salon.

Et j'étais venu pour goûter les joies de la famille!

PAUL, allant au petit meuble.

Maintenant reprenons ma fortune!

DUBUISSON.

Qu'est-ce qu'il fait?

PAUL.

Ne craignez rien!.. je lui laisse sa dot!... (D'une voix brisée.) Une femme que j'aimais tant!... (Fourrant dans ses poches des obligations.) Mes lombards... qui avait juré de m'être fidèle!... mes orléans, mes crédit foncier... quatre cent mille francs... (Fondant en larmes.) Ah! que je suis malheureux!

DUBUISSON.

Mariez donc votre fille!... (Avec impatience.) Et ma valise qui n'arrive pas!...

PAUL.

Adieu, beau-père... adieu pour jamais!

SUZANNE, en dehors à droite.

Paul!... papa!...

PAUL, s'arrêtant au moment de sortir

Ciel!

DUBUISSON.

Suzanne!... Eh! viens donc !

SCÈNE XIX

LES MÊMES, SUZANNE, puis JULIE.

SUZANNE, entrant très-joyeuse *.

Ah! quel bonheur! que je suis contente!... Eh bien, partons-nous? Mon cheval est-il sellé, la calèche est-elle là? (Elle ouvre la fenêtre) Ah! le beau temps! le bon soleil! et les oiseaux qui chantent! les entendez-vous? ah! comme on respire! que c'est bon de vivre!...

DUBUISSON, étonné.

Cette joie... Que signifie?...

PAUL, à part.

Quelle dissimulation!

SUZANNE, radieuse.

Dis donc, papa, je ne souffre plus... Elle a percé!

DUBUISSON.

Quoi?...

SUZANNE.

C'était une dent de sagesse!

DUBUISSON.

Ah çà! tu souffrais donc réellement?

SUZANNE.

Sans doute. C'est cela qui me rendait méchante... Pardonne-moi, cher père... Et toi aussi, mon petit Paul.

* Paul, Suzanne, Dubuisson.

JULIE, entrant avec les valises.

Voilà les bagages de ces messieurs*.

SUZANNE, très-surprise.

Comment! les bagages?... vous voulez partir... tous les deux ?

DUBUISSON.

Dame... écoute donc! La maison était devenue un enfer...

JULIE, s'approchant.

Si madame veut arrêter mon compte...

SUZANNE.

Et toi aussi, Julie, tu songes à me quitter?

JULIE.

Madame m'a chassée.

SUZANNE, attendrie.

Pauvre fille! (L'embrassant.) Pardonne-moi, ma bonne Julie. Je t'achèterai une robe... une belle robe... et je ne serai plus méchante!

JULIE, riant.

Oh! puisque c'est comme cela, je n'y pense plus, madame!

(Elle remonte.)

SUZANNE, se tournant vers Paul.

Eh bien, et toi qui boudes dans ton coin... est-ce que tu m'en veux encore? Mais embrasse-moi donc!

PAUL.

Un instant!... Et cet étranger?

DUBUISSON.

Oui, au fait, ce Hongrois?

SUZANNE.

Ah! bah! vous l'avez vu? un dentiste en réputation.

DUBUISSON et PAUL.

Un dentiste!

SUZANNE.

Tu aimes tant mes dents que je n'osais pas t'avouer...

PAUL, joyeux.

Je comprends! je saisis!...

DUBUISSON.

Là! quand je disais!... Et il a pu supposer!...

* Paul, Suzanne, Julie, Dubuisson.

SUZANNE.

Quoi donc?

PAUL, vivement.

Rien... rien... (L'embrassant.) Ah! Suzanne! ma chère petite femme!

DUBUISSON, gaiement.

A la bonne heure donc!

SUZANNE.

Je veux aussi embrasser ma fille, venez...

Ils remontent.

PAUL, s'arrêtant.

Ciel!

DUBUISSON.

Ah! sapristi!

PAUL, tirant sa montre.

Trois heures et demie! La nourrice est à Marseille!

SUZANNE.

A Marseille?

PAUL.

Avec le bébé!

DUBUISSON.

Encore une jolie idée!

SUZANNE.

Ah! mon Dieu! ma fille est partie...

SCÈNE XX

LES MÊMES, MADELON, entrant par le fond.

MADELON *.

Eh! non, madame! Rassurez-vous, me v'là!

SUZANNE, avec joie.

Ah!

MADELON.

C'était un train de marchandises... on n'a pas voulu me recevoir...

DUBUISSON, riant.

Comme colis, je comprends ça!

* Madelon, Paul, Suzanne, Dubuisson, Julie

SCÈNE XXI

LES MÊMES, GRELUSKO.

GRELUSKO, avec une certaine défiance.

Pardon... je viens chercher ma trousse que j'ai oubliée.

DUBUISSON.

Approchez!... approchez!... n'ayez pas peur!

PAUL, fouillant à sa poche.

On vous doit le prix de votre consultation.

GRELUSKO.

C'est trois louis.

Paul les lui donne.

DUBUISSON.

Mais on n'a plus besoin de vos soins ici... heureusement!

GRELUSKO.

Ah! madame est guérie?

SUZANNE, gaiement.

Et sans arracher!

PAUL.

Au contraire!

SUZANNE.

C'est égal, cette dent de sagesse m'a fait joliment mal!

DUBUISSON, serrant la main de Paul.

Et à nous donc!!

CHŒUR.

AIR : *Chasse de Rossini.*

Ah! quel plaisir! quel beau jour!
Au sein de ce jeune ménage,
Un moment gronda l'orage,
Mais le beau temps est de retour.

SUZANNE, au public.

AIR : *de M. Favart.*

J'étais une petite fille
Lorsque je fis mes premiers pas;
On daignait me trouver gentille,
Et les bravos ne me manquèrent pas.

Quand je reviens au nid de ma jeunesse,
Ah! Messieurs, soyez indulgents,
Ce soir, pour ma dent de sagesse,
Comme on le fut pour mes premières dents!
Soyez gentils pour ma dent de sagesse,
Vous qui l'étiez pour mes premières dents!

REPRISE DU CHOEUR.

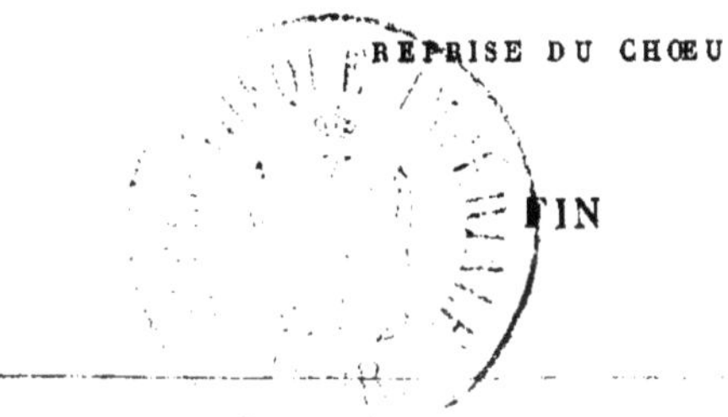

FIN

AVIS

DANS LES THÉATRES DE PROVINCE, CE COUPLET DEVRA ÊTRE REMPLACÉ PAR LE SUIVANT

AIR *de madame Favart.*

Si je fus méchante et colère,
Notre débat s'est vite terminé;
Mon mari, Julie et mon père,
Tout le monde m'a pardonné,
Pour mes défauts, qu'humblement je confesse,
Que le public aussi soit indulgent,
Et n'allez pas, pour ma dent de sagesse,
Messieurs, me garder une dent!
Ah! n'allez pas à la dent de sagesse,
Ce soir, messieurs, conserver une dent!

Imprimerie L. TOINON et Cie, à Saint-Germain.

EN VENTE CHEZ LES MÊMES ÉDITEURS

PIÈCES DE THÉATRE, BELLE ÉDITION, FORMAT GRAND IN-18 ANGLAIS

Titre		
Les Marionnettes de l'Amour, c. en 3 actes.	1	50
Les Pinceaux d'Héloïse, com.-vaud. en 1 a.	1	»
Néméa, ou l'Amour vengé, ballet en 2 act.	1	»
Don Quichotte, comédie en 3 actes.......		»
Les Mohicans de Paris, drame en 5 actes..	2	»
Rocambole, drame en 5 actes............	»	50
Les Flibustiers de la Sonore, dr. en 5 act.	»	50
Le Grand Journal, folie-revue en 4 actes...	»	50
Le Drac, drame fantastique en 3 actes.....	1	50
Roland à Roncevaux, opéra en 4 actes.....	1	»
Sur la Grande Route, proverbe en 1 acte..	1	»
Les Bons Conseils, comédie en 1 acte....	1	»
Le Mort marié, comédie en 1 acte......	1	»
Le Marquis Caporal, drame en 5 actes...	2	»
Les Pommes du Voisin, comédie en 3 act.	2	»
Un Ménage en Ville, comédie en 3 actes.	2	»
Les Curieuses, comédie en 1 acte	1	»
Violetta (la Traviata), opéra en 4 actes..	1	»
Les Drames du Cabaret, drame en 5 actes	»	50
Le Petit Journal, folie revue en 4 actes.	»	50
Les Absents, opéra comique en 1 acte...	1	»
Maître Guérin, comédie en 5 actes......	2	»
Le Trésor de Pierrot, opér. com. en 2 act.	1	»
Les Erreurs de Jean, comédie en 1 acte..	1	»
En vagon. — Proverbe en 1 acte........	1	»
Le Martyre de la Victoire, drame en 5 actes	»	60
La Belle Hélène, opéra bouffe, en 3 actes.	2	»
Robert Surcouf, drame en 5 actes........	»	50
Le Serpent à plumes, opéra bouffe en 1 ac.	1	»
Leone-Leoni, drame en 3 actes..........	»	20
Le Photographe, comédie en 1 acte......	1	»
Bégaiements d'amour, opéra comique, 1 ac.	1	»
Marie de Mancini, drame en 5 actes.....	2	»
Le Capitaine Henriot, opéra comique, 3 ac.	1	»
Jacques Burke, drame en 5 actes........	»	50
Un Clou dans la serrure, c. vaud. en 1 act.	1	»
Les Mystères du vieux Paris, drame en 5 ac.	»	50
Les Vieux Garçons, comédie en 5 actes...	2	»
Le Second mouvement, coméd. en 3 actes.	1	50
L'oncle Sommerville, comédie en 1 acte....	1	»
Le Singe de Nicolet, comédie en 1 acte...	1	»
Jupiter et Léda, opérette en 1 acte......	1	»
Les Jocrisses de l'amour, com. en 3 actes.	2	»
Le Mousquetaire du roi, drame en 5 actes.	2	»
Les 2 Reines de France, drame en 4 actes..	2	»
La Belle au bois dormant, drame en 5 act.	2	»
La Flûte enchantée, opéra fant. en 4 actes.	1	»
La Gitane, drame en 5 actes...........	»	50
Les Vieux Glaçons, parodie des Vieux Garçons, en 2 actes..............	1	»
Juge et Partie, vaudeville en 1 acte.......	1	»
Le Cabaret de la Grappe dorée, comédie vaudeville en 3 actes............	»	50
Madame Aubert, drame en 4 actes........	2	»
Les Cabotins, comédie vaud. en 3 actes..	»	50
Lantara, comédie vaudeville en 2 actes....	1	»
La Pomme, comédie en 1 acte, en vers....	1	50
Les Victimes de l'Argent, com. en 3 actes.	2	»
Le Supplice de Paniquet, com. en 1 acte...	1	»
Les Parents de Province, vaud. en 1 acte.	1	»
Lisbeth, opéra comique en 2 actes.......	1	»
Le Saphir, opéra comique en 3 actes.....	1	»
La Comédie de salon, proverbe en 1 acte..	1	»
Une Vengeance de Pierrot, bouffonn. 1 act.	1	»
Avant la Noce, opérette en 1 acte.......	1	»
La Petite Voisine, vaudeville en 1 acte...	»	40
Macbeth, opéra en 4 actes..............	1	»
L'Œillet blanc, comédie en 1 acte.........	1	»
Le Mariage de Don Lope, op. com. en 1 act.	1	»
Un Drame en l'air, bouffonnerie, en 1 act..	1	»
Le Bœuf Apis, opérette bouffe en 2 actes.	1	»
Les Enfants de la Louve, drame en 5 actes.	2	»
Le Ménétrier de St-Waast, mélod. en 5 act.	1	»
M. et Madame Crusoé, vaudev. en 1 acte..	1	»
C'est pour ce soir, à-propos en 1 acte.....	1	»
M. de Saint-Bertrand, comédie en 4 actes.	2	»
Le Supplice d'une femme, drame en 3 act..	2	»
La Voleuse d'Enfants, drame en 5 actes...	»	50
Les Vendanges du clos Tavannes, d. 5 ac.	»	50
Le Clos Pommier drame, en 5 actes.....	2	»
Bibi, vaud. en 1 acte..................	»	40
Lischen et Fritzchen, saynète en 1 acte...	1	»
Une Journée à Dresde, comédie en un acte.	1	»
Les Femmes du Sport, pièce en 4 actes....	1	»
Le Carnaval des Canotiers, vaud. en 4 act.	»	50
Les Jurons de Cadillac, com. en 1 acte..	1	»
Le Supplice d'un Homme, comédie 3 actes.	2	»
Princesse et Favorite, drame en 5 actes.	»	50
Les yeux du cœur, comédie en 1 acte....	1	»
Le Déluge universel, drame en 5 actes. ..	»	50
Les deux Sœurs, drame en 3 actes.....	1	»
Douglas le Vampire, drame en 5 actes..	»	50
L'Amour qui tue, drame en 7 actes.......	»	50
La Gazette des Etrangers, folie en 1 acte.	1	»
Fabienne, comédie en 3 actes...........	2	»
Jeanne Darc, opéra....................	»	50
Le Meurtrier de Théodore, comédie en 3 actes..............	2	»
Le Paradis des femmes, drame en 5 actes.	»	50
Les Blanchisseuses de fin, com. vaud. en 5 actes..............	»	50
Les Parasites, drame en 5 actes.......	2	»
Pierrot héritier, comédie en vers.......	1	»
Le Roi de la lune, vaud. en 4 actes.....	»	50
L'Homme aux Figures de cire, drame en 5 actes............	»	50
Le Tattersall brûlé! com. en 1 acte.....	1	»
La Marieuse, comédie en 2 actes........	1	50
Les douze Innocentes, opérette en 1 acte.	1	»
La Meunière, drame en 5 actes.........	2	»
La Louve de Florence, drame en 5 actes.	»	50
La Famille Benoiton, comédie en 5 actes.	2	»

IMPRIMERIE L. TOINON ET Cie, A SAINT-GERMAIN.

www.ingramcontent.com/pod-product-compliance
Ingram Content Group UK Ltd.
Pitfield, Milton Keynes, MK11 3LW, UK
UKHW021949260726
13994UKWH00004B/1634

9 782329 472744